# El Renacimiento de Harlem

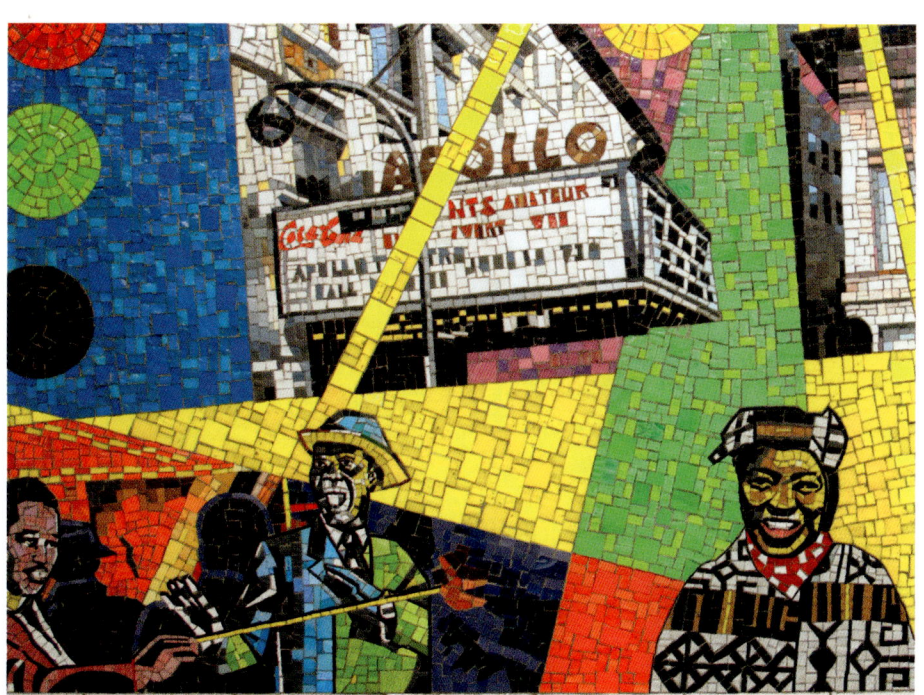

**ESTA EDICIÓN**
**Gerencia editorial** de Oriel Square
**Producido para DK por** WonderLab Group LLC
Jennifer Emmett, Erica Green, Kate Hale, *fundadoras*

**Edición** Maya Myers; **Edición de fotografía** Nicole DiMella; **Dirección editorial** Rachel Houghton;
**Diseño** Project Design Company; **Investigación** Michelle Harris; **Revisión de textos en inglés** Lori Merritt;
**Creación de índices en inglés** Connie Binder; **Traducción** Isabel C. Mendoza;
**Corrección de pruebas** Carmen Orozco; **Lectura de sensibilidad** Ebonye Gussine Wilkins;
**Especialista en lectura de la colección** Dra. Jennifer Albro

Primera edición estadounidense, 2024
Publicado en Estados Unidos por DK Publishing, una división de Penguin Random House LLC
1745 Broadway, 20th Floor, New York, NY 10019

La editorial quisiera agradecer a las siguientes personas e instituciones por el permiso para reproducir sus imágenes:
a=arriba; c=centro; b=abajo; i=izquierda; d=derecha; s=superior; f=fondo
**Alamy Stock Photo:** Chronicle 35si, Cinematic Collection 43cd, Classicpaintings 28bd (fondo), © The Estate of Vincent Smith, courtesy Alexandre
Gallery, New York / Randy Duchaine 1b, Everett Collection Historical 28si, Everett Collection Inc 23cda, IanDagnall Computing 27si, North Wind
Picture Archives 10s, Science History Images 20sd, 28bd, Science History Images / Photo Researchers 39s, WorldPhotos 38d, ZUMA Press, Inc. 42;
**Bridgeman Images:** Bearden, Romare Howard (1911-88) / American © Romare Bearden Foundation / VAGA at ARS, NY and DACS, London 2024 29,
Chicago History Museum / © Estate of Archibald John Motley Jr. All reserved rights 2023 / Valerie Gerrard Browne 9cda, 20, Jacob Lawrence
(1917–2000) / American © The Jacob and Gwendolyn Knight Lawrence Foundation, Seattle / Artists Rights Society (ARS), New York and DACS,
London 2024 12b, 25b, Van Der Zee, James (1886-1983) / American / Minneapolis Institute of Art / The Stanley Hawks Memorial Fund 27b; **Carl Van
Vechten photograph © VanVechtenTrust:** ©Van Vechten Trust/Carl Van Vechten Papers Relating to African American Arts and Letters. James
Weldon Johnson Collection in the Yale Collection of American Literature, Beinecke Rare Book and Manuscript Library 26bd; **Collection of the
Smithsonian National Museum of African American History and Culture:** 37cdb, 40ci, Gift from Dawn Simon Spears and Alvin Spears, Sr. 40bd;
**Dorling Kindersley:** Musee du Louvre, Paris / Philippe Sebert 8bd; **Dreamstime.com:** Denis Barbulat 17sd (fondo), 31sc (fondo), Demerzel21 15,
Iofoto 41, Vadim Kozlovsky 14sd (fondo), 18cdb (fondo), 19si (fondo), 23cda (fondo), 27si (fondo), 33cdb (fondo), 35si (fondo); **Getty Images:** Archive
Photos / Fotosearch 15bi, Archive Photos / Hulton Archive 22ci, Archive Photos / Transcendental Graphics 36-37, Bettmann 30b, 31sc, 41sd, Chicago
History Museum / Archive Photos 13s, Gamma-Keystone / Keystone-France 34b, 45s, Heritage Images / Hulton Archive 21cd, Marian 14 (fondo),
18-19 (fondo), 22-23 (fondo), 27 (fondo), 32-35 (fondo), 40, Michael Ochs Archives 31bd, New York Daily News 9s, Scott Olson 17bi, Redferns / Gilles
Petard 32s, Redferns / JP Jazz Archive 22bd, The New York Historical Society / Archive Photos 7s, Transcendental Graphics 37si, Universal Images
Group 3cb, 6ci, Donna Ward 43bi; **Getty Images / iStock:** Olya Solodenko 32s (fondo), 40ci (fondo), Sololos 22ci (fondo), 24cib (fondo), 35cdb
(fondo); **Library of Congress, Washington, D.C.:** Gottlieb, William P. Portrait of Billie Holiday, Downbeat, New York, N.Y., ca. Feb. United States,
1947. , Monographic. Photograph. https: / / www.loc.gov / item / gottlieb.04251 / . 33cdb, LC-DIG-ds-00894 / Underwood & Underwood 16b,
LC-USF34-018201-E / Dorothea Lange 13cdb, LC-USZ61-1854 / Marcus Garvey, -1940. , 1924. Aug. 5. Photograph. https: / / www.loc.gov / item /
2003653533 / . 19si, LC-USZ62-42507 / Carl Van Vechten, photographer. Portrait of Romare Bearden. , 1944. Photograph. https: / / www.loc.gov /
item / 2004662578 / . 29cd; **National Portrait Gallery, Smithsonian Institution:** 17sd, 18cdb, 35cdb; **The New York Public Library:** Schomburg
Center for Research in Black Culture, Art and Artifacts Division, The New York Public Library. "Aspects of Negro Life" The New York Public Library
Digital Collections. 1934. https: / / digitalcollections.nypl.org / items / 6ca557ed-9597-5dcd-e040-e00a18065af4 28si (fondo), Schomburg Center
for Research in Black Culture, Jean Blackwell Hutson Research and Reference Division, The New York Public Library. "Front cover" The New York
Public Library Digital Collections. 1923-04. https: / / digitalcollections.nypl.org / items / b9f2b588-8fbe-d39b-e040-e00a180679bc 24sd,
Schomburg Center for Research in Black Culture, Photographs and Prints Division, The New York Public Library. "Portrait of Arthur Alfonso
Schomburg, bibliophile" The New York Public Library Digital Collections. 1900 - 1935. https: / / digitalcollections.nypl.org / items / 84c3b888-cab5-
3fb6-e040-e00a180660fa 11b, 14sd, 24cib, 26s; **Newspapers.com:** The New York Age / Philip Payton Jr. Company advertisement 15s;
**Shutterstock.com:** Here Now 44-45b, Roman Nogin 4-5; **Yale University Library:** Wallace Thurman Collection. Yale Collection of American
Literature, Beinecke Rare Book and Manuscript Library. 22-23sc

Imágenes de portada: *Frente:* **Alamy Stock Photo:** IanDagnall Computing db; **Getty Images:** Archive Photos / Fotosearch / Stringer bc, Library of
Congress / Corbis Historical cia, Michael Ochs Archives bi, Redferns / Gilles Petard cd, Redferns / JP Jazz Archive cdb; **Getty Images / iStock:**
Sololos (fondo); *Contraportada:* **Dreamstime.com:** Furtseff cda; **The New York Public Library:** Schomburg Center for Research in Black Culture,
Jean Blackwell Hutson Research and Reference Division, The New York Public Library. "Front cover" The New York Public Library Digital Collections.
1923-04. https: / / digitalcollections.nypl.org / items / b9f2b588-8fbe-d39b-e040-e00a180679bc

Todas las demás imágenes © Dorling Kindersley
Para más información, visita www.dk.imagenes.com

# www.dk.com

Level
3

# El Renacimiento de Harlem

Melissa H. Mwai

# Contenido

# El soñador de Harlem

Era una soleada mañana de septiembre de 1921. Un joven negro llamado Langston Hughes salió de la estación del metro de la calle 135 en Harlem, un barrio de la ciudad de Nueva York. Junto a él pasaban personas negras que iban camino al trabajo. Langston estaba emocionado. Quería estrechar la mano de todos. Le encantaba vivir en Harlem. La "Era del *Jazz*" estaba en pleno auge, y él había podido ver a la famosa cantante Florence Mills en el musical *Shuffle Along*, en el Teatro Cort. Según escribió después, fue "una dulzura de espectáculo".

El vecindario estaba lleno de arte y artistas negros. Parecía como si una celebración de la cultura negra floreciera en cada esquina.

El sueño de Langston era convertirse en un escritor famoso. Y estaba convencido de que Harlem era el lugar donde podría hacer realidad su sueño.

# Rumbo a Harlem

A comienzos del siglo XX, Harlem se consideraba la capital negra de Estados Unidos. Al igual que Hughes, muchos querían ser parte de la comunidad negra más grande de EE. UU.

Mucha gente se mudó a Harlem en busca de una nueva vida. En EE. UU., la gente negra enfrentaba tratos injustos por el color de su piel. Esto se conoce como racismo. Sucedía especialmente en los estados sureños, donde en otro tiempo la esclavitud había sido una práctica común. Por ley, la gente negra tenía que estar separada de la gente blanca en público. Esto se llamaba segregación.

**El otro Renacimiento**
Entre los siglos XIV y XVII, se dieron en Europa muchos avances en conocimientos, ciencia y arte. Esta época se conoce como "el Renacimiento".

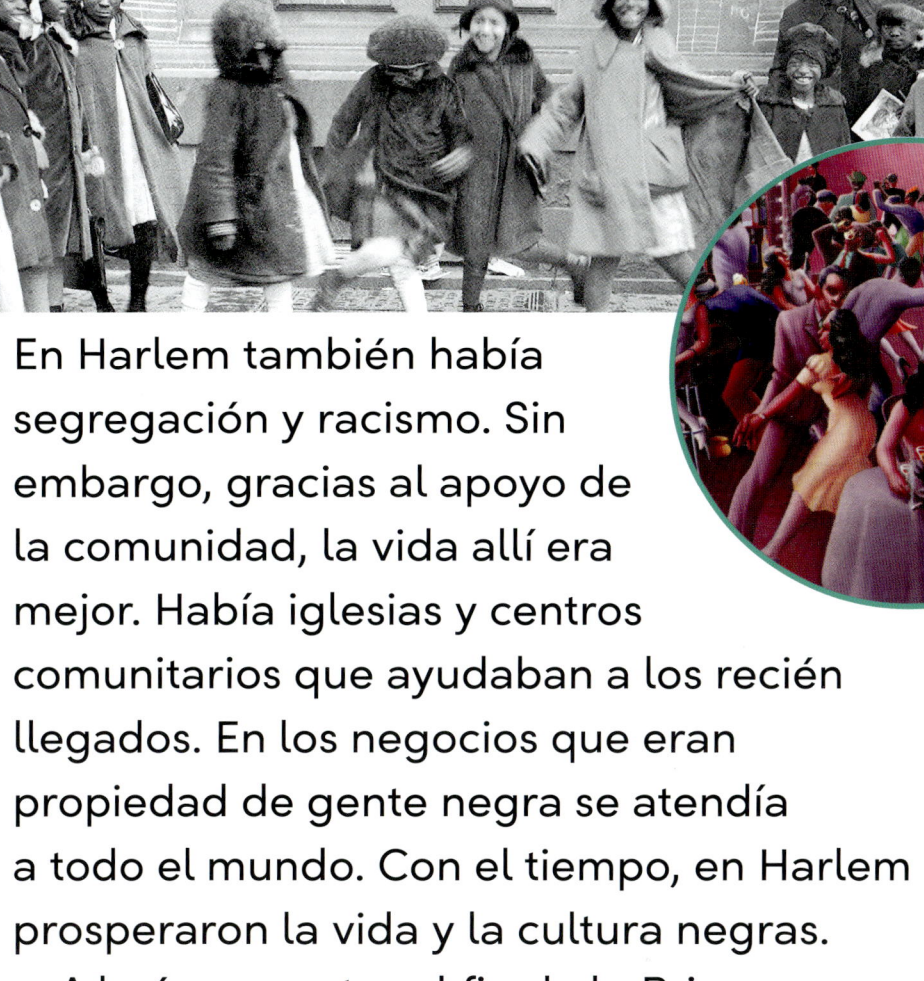

En Harlem también había segregación y racismo. Sin embargo, gracias al apoyo de la comunidad, la vida allí era mejor. Había iglesias y centros comunitarios que ayudaban a los recién llegados. En los negocios que eran propiedad de gente negra se atendía a todo el mundo. Con el tiempo, en Harlem prosperaron la vida y la cultura negras.

A la época entre el fin de la Primera Guerra Mundial y la década de 1930 se la conoce como el Renacimiento de Harlem. "Renacimiento" significa "volver a nacer". Durante el Renacimiento de Harlem, la gente negra transformó su cultura de maneras emocionantes.

# La historia de Harlem

Antes de que existieran edificios de ladrillo y calles muy transitadas, Harlem era una zona agrícola. Allí vivían y por ahí pasaban los indígenas lenapes.

En el siglo XVII, colonos holandeses se adueñaron de estas tierras "comprándoselas" a los lenapes. Los indígenas pensaban que estaban compartiendo las tierras, pero los holandeses creyeron que ahora les pertenecían a ellos. Bautizaron a su pueblo Nieuw Haarlem, en honor a una ciudad de los Países Bajos. Más tarde, el nombre se cambió a Harlem.

A partir de finales del siglo XIX, llegaron a EE. UU. millones de inmigrantes. Muchos llegaron a la ciudad de Nueva York. La población creció rápidamente. Harlem estaba menos atestado que otros lugares de la ciudad, así que algunos inmigrantes se mudaron allí.

Sin embargo, entre 1893 y 1896, el Gobierno de EE. UU. perdió mucho dinero. Mucha gente perdió su empleo y su casa. Muchas personas blancas se fueron de Harlem. Así se creó el espacio para que creciera una nueva comunidad.

Durante las décadas de 1910 a 1970, unas seis millones de personas negras salieron de los estados del Sur. Desde la Guerra Civil, la vida para los afroamericanos en el Sur se había vuelto difícil. Les costaba mucho encontrar empleos bien pagos. En el Norte, podían construir ferrocarriles o trabajar en fábricas. Por eso, mucha gente negra se mudó a ciudades norteñas como Chicago, Detroit y Nueva York. Este periodo de movimiento de población se llamó la Gran Migración. Muchas de estas personas fueron a parar a Harlem.

*Serie La migración,* panel No. 3, Jacob Lawrence, circa 1940

## Agricultura injusta

Después de la abolición de la esclavitud, algunas leyes hicieron que fuera difícil para la gente negra comprar tierras. Algunos terratenientes blancos les alquilaban tierras y herramientas a agricultores blancos y negros. Estos pagaban con productos que cultivaban. Esto se llamaba aparcería, y los acuerdos solían ser desventajosos para los agricultores. A veces, les resultaba imposible pagar su deuda, así que salirse de los acuerdos era muy difícil.

## Philip A. Payton Jr.
### (1876–1917)

Una persona jugó un papel importante en el desarrollo de la comunidad negra de Harlem. Philip A. Payton Jr. tenía un negocio de alquiler de viviendas de propietarios blancos. Ponía avisos en los periódicos animando a la gente negra a alquilar estas viviendas. En 1904, Payton creó la Compañía Inmobiliaria Afroamericana, que ayudó a la gente negra a luchar por precios de alquiler justos. Disminuyó el racismo contra inquilinos negros. Payton llegó a ser conocido como "el padre de Harlem".

A pesar de que nuevos residentes negros eran bienvenidos en Harlem, la Gran Migración no tuvo la misma acogida en otros lugares. Y los problemas que surgieron en otros lugares también trajeron cambios a Harlem.

**Philip Payton Jr., Company**
**Real Estate and Insurance**

New Law Apartments, with all improvements; Old Law Apartments, with or without steam heat.  Rents $7 to $30.
We have a number of desirable private houses for Rent or for sale to good tenants.  Rents $60 to $85.

360 EAST 160TH ST.   } 4 and 5 rooms, bath, hot water.  Rent, $17.
840 COURTLANDT AVE.      to $19.
Particulars upon request.                    67 WEST 134TH ST.
Telephone 917 & 918 Harlem.

## El tren metropolitano

Otra razón por la que Harlem se volvió popular fue la terminación, en 1904, de la línea del metro que llegaba hasta allí. Por primera vez, el metro conectó otros lugares de la ciudad de Nueva York con Harlem. La gente podía ahora vivir en Harlem y trabajar en otros vecindarios. En los trenes no había segregación, y el precio del boleto era el mismo para todos.

15

# Harlem comienza a cambiar

El 2 de julio de 1917, se inició una serie de ataques violentos en East St. Louis, Illinois. Algunas personas blancas estaban enojadas porque mucha gente negra estaba llegando del Sur. Atacaron a trabajadores negros a la salida del trabajo. Quemaron casas de personas negras. En una semana, unos 200 afroamericanos fueron asesinados.

Unas semanas después, a mil millas de allí, unas 10 000 personas hicieron una marcha silenciosa en la ciudad de Nueva York para protestar por los ataques en East St. Louis. Las tensiones raciales se agudizaron por todo el país, impulsando un nuevo movimiento por la libertad. Muchos de los líderes vivían en Harlem.

## W. E. B. Du Bois
**(1868–1963)**

W. E. B. Du Bois era un activista. Un activista trabaja por el cambio social. Du Bois creía que los negros y los blancos eran iguales. Asistió a una escuela secundaria no segregada, y se graduó de la Universidad de Harvard. Escribió sobre la convivencia entre negros y blancos. También escribió en contra de la segregación en el gobierno del presidente Woodrow Wilson.

### NAACP

En 1909, Du Bois ayudó a crear la Asociación Nacional para el Avance de la Gente de Color (NAACP, por sus siglas en inglés). Hoy, esta organización continúa exigiendo la igualdad para todos, y lucha contra la injusticia en todas partes.

## Ida B. Wells-Barnett
### (1862–1931)

Ida B. Wells-Barnett fue activista y periodista. Nació en Misisipi, de padres esclavos. En 1892, su amigo Thomas Moss, un hombre negro, fue asesinado por una horda de gente blanca en Memphis. Por el resto de su vida, Wells-Barnett escribió artículos y dio discursos contra dichos ataques. Fue una de las fundadoras de NAACP. En 1913, fundó el Club del Sufragio Alfa, una organización de mujeres negras que apoyó el derecho al voto para las mujeres.

**Ataques de hordas**
Entre el final de la Guerra Civil y 1950, miles de personas negras fueron asesinadas por grupos de personas blancas. Estos ataques ocurrieron principalmente en estados sureños.

## Marcus Garvey
### (1887–1940)

Marcus Garvey creció en Jamaica y se educó en Londres antes de mudarse a Harlem. Montó un restaurante y un periódico, y ayudó a otros empresarios negros a apoyarse unos a otros. Garvey creía que toda la gente negra debía vivir en África. Fundó la Asociación Universal para la Superación del Negro (UNIA, por sus siglas en inglés). Este grupo creía en la unidad y el orgullo negros. Garvey popularizó la frase "lo negro es hermoso".

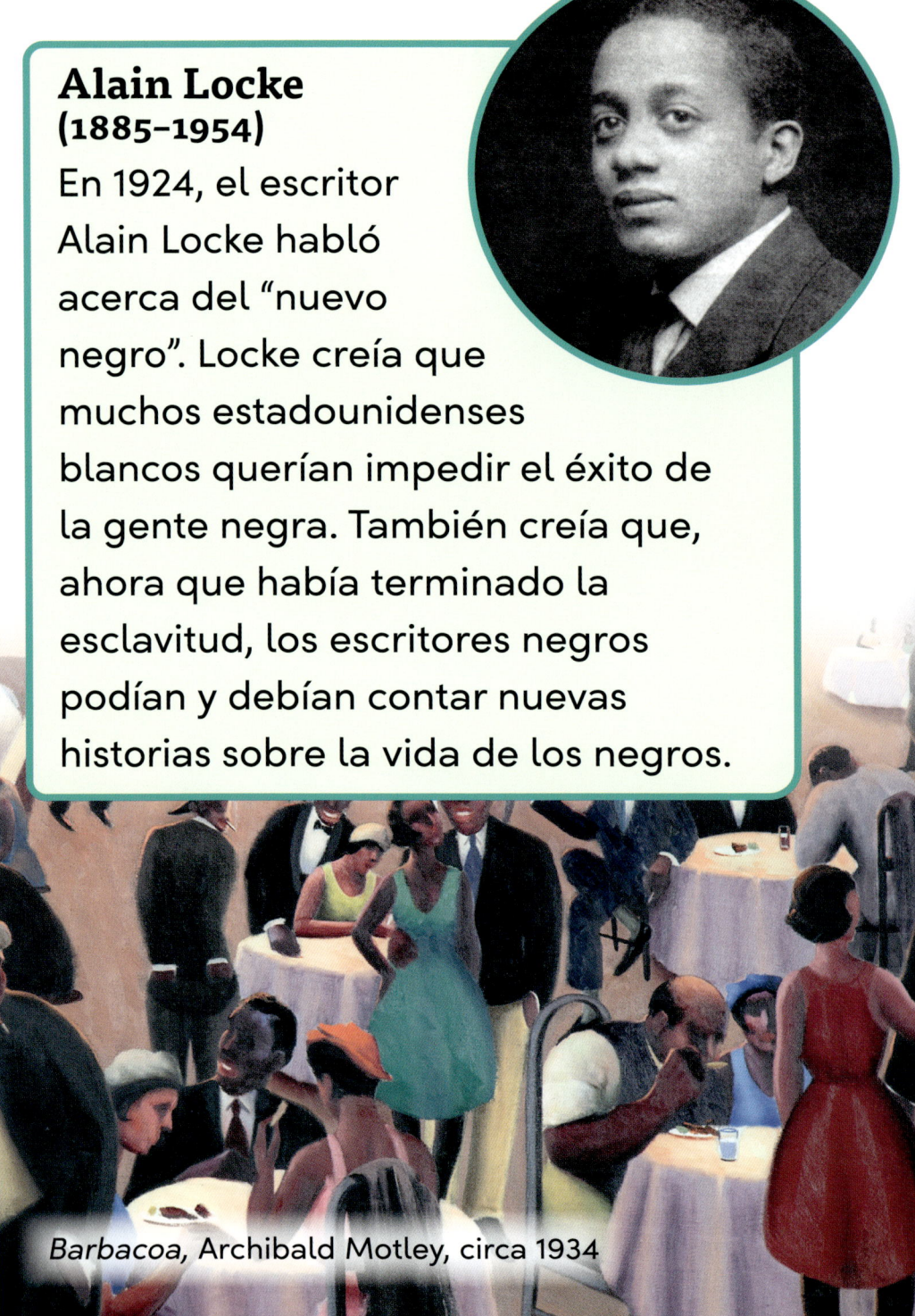

## Alain Locke
**(1885–1954)**

En 1924, el escritor Alain Locke habló acerca del "nuevo negro". Locke creía que muchos estadounidenses blancos querían impedir el éxito de la gente negra. También creía que, ahora que había terminado la esclavitud, los escritores negros podían y debían contar nuevas historias sobre la vida de los negros.

*Barbacoa,* Archibald Motley, circa 1934

# La cultura florece en Harlem

Los líderes negros compartieron sus ideas sobre cómo se podía mejorar la vida. Más gente se mudó a Harlem. Y la cultura de Harlem floreció. Mucha de la gente que hoy recordamos del Renacimiento de Harlem eran líderes en la escritura, el arte, la música y los deportes.

## La escritura

En las décadas de 1920 y 1930, periódicos y revistas que tenían editores negros publicaron obras de escritores negros. Hasta en periódicos que eran propiedad de gente blanca se hicieron reseñas de estas populares obras.

## Langston Hughes
**(1901–1967)**

Langston Hughes escribió poemas sobre la vida cotidiana de los afroamericanos. Su primer poema, "The Weary Blues" (El *blues* abatido), se publicó en 1925. En el poema, un hombre canta sobre el hecho de que se siente cansado y solo. La gente entendió lo que sentía este hombre. El poema gustó. Hughes escribió muchos poemas sobre gente de todas las edades que vivía en Harlem. ¡Con razón lo llaman "el poeta de la gente"!

### Las canciones del *blues*

El *blues* fue un tipo de música creada por afroamericanos después de la Guerra Civil. Surgió a partir de canciones de trabajo y espirituales que seguían un patrón de "llamada y respuesta".

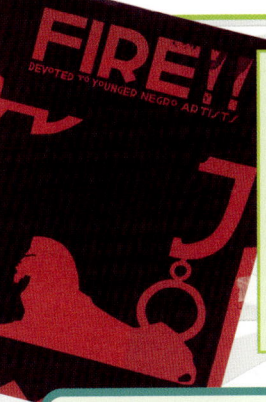

## Zora Neale Hurston
### (1891–1960)

De niña, en Florida, a Zora Neale Hurston le encantaba escuchar los relatos de la gente de su pueblo. Cuando creció, decidió escribir sus propias historias. En 1925, se mudó a Harlem. Participó en el concurso literario de una revista, y ganó cuatro premios. Hizo amistad con Langston Hughes y W. E. B. Du Bois. Dedicó el resto de su vida a recopilar y escribir historias.

En 1937 se publicó su novela *Their Eyes Were Watching God* (Sus ojos miraban a Dios). Tanto en su novela como en sus cuentos, Hurston imaginaba un mundo con igualdad de derechos para las mujeres.

## Effie Lee Newsome
### (1885–1979)

En sus poemas, Effie Lee Newsome celebraba la vida de los niños negros. Newsome editaba una columna para niños en *The Crisis* (La crisis), una revista política fundada en Harlem.

## Arturo Alfonso Schomburg
### (1874–1938)

Arturo Alfonso Schomburg fue un escritor de historia afropuertorriqueño. Se dedicó a recopilar libros de historia africana. Hoy, su colección es parte del Centro Schomburg, una biblioteca para investigadores y un museo.

## Las artes visuales

Durante el Renacimiento de Harlem, muchos artistas negros crearon grandes obras de arte. Se inspiraron en sus raíces africanas, la música popular y la gente de su comunidad.

Los artistas negros podían exhibir sus obras en muchos lugares de Harlem. Sin embargo, había racismo en el mundo del arte. Con frecuencia, a los artistas negros se les pagaba menos que a los blancos. En 1935, artistas de Harlem formaron un grupo para apoyar a nuevos artistas, hacer exposiciones de arte y luchar por un mejor pago.

*Escena de una calle de Harlem,* Jacob Lawrence, 1942 (detalle)

## Augusta Savage
### (1892–1962)

Augusta Savage era escultora. En la Feria Mundial de 1939, millones de personas admiraron su escultura *El arpa*, basada en la canción "Lift Every Voice and Sing" (Levanten todas las voces y canten). Lamentablemente, su escultura de yeso fue destruida al final de la feria, junto con las otras obras de arte.

En 1938, Savage fundó el Centro de Arte Comunitario de Harlem para apoyar a artistas negros jóvenes. El Centro impartía educación artística gratuita o a un bajo costo.

## James Van Der Zee
### (1886–1983)

James Van Der Zee tomó fotografías de gente común y corriente de Harlem. Quería que la gente luciera muy bien en sus fotos, así que les daba flores y ropa elegante. ¡Hasta dibujaba joyas relucientes en las fotos!

Van Der Zee hizo fotos de equipos de baloncesto, grupos de iglesias y desfiles militares. En 1924, se convirtió en el fotógrafo de la UNIA de Marcus Garvey.

## Aaron Douglas
### (1899–1979)

Aaron Douglas se mudó a Harlem en 1925 para hacer arte para revistas. En sus pinturas, combinaba arte moderno y africano. Sus obras tenían figuras imponentes y colores vivos. Se lo conoce como "el padre del arte afroamericano".

## Loïs Mailou Jones
### (1905–1998)

Loïs Mailou Jones realizó su primera exposición de arte a los diecisiete años de edad. Llegó a Harlem a estudiar arte. Sus pinturas muestran máscaras africanas con colores y patrones vibrantes. También ilustró libros para niños negros.

*Músicos folclóricos* (detalle),
Romare Bearden, 1942

## Romare Bearden
### (1911–1988)

Romare Bearden era pintor y artista de *collage*. De día, se desempeñaba como trabajador social, y por la noche, pintaba. Sus obras muestran la vida en la ciudad y escenas de su infancia en el Sur. Bearden hizo muchas pinturas que fueron exhibidas en todo EE. UU. y en Europa cuando todavía estaba vivo.

# La música y el baile

Después de la Primera Guerra Mundial, la música y el baile *jazz* se hicieron populares en EE. UU. Esta época se conoce como "la Era del *Jazz*", y desempeñó un papel importantísimo en el Renacimiento de Harlem. La música *jazz* fue creada por afroamericanos en Nueva Orleans, Luisiana. A medida que más afroamericanos se mudaban a Harlem, sus clubes nocturnos se convirtieron en los focos del *jazz*.

**Tiempos de cambio**
El espíritu energético de la música *jazz* era algo nuevo y diferente. Los mayores la veían como algo loco. ¡A los jóvenes les encantaba bailar al ritmo trepidante del *jazz*!

## Duke Ellington
### (1899–1974)

Duke Ellington fue un pianista y compositor de música *jazz*. Dirigió la banda del Cotton Club (el Club del Algodón), en Harlem, de 1927 a 1931. Las grabaciones y transmisiones por cadenas radiales nacionales de los espectáculos de la banda lo hicieron famoso en todo el país. Ellington realizó conciertos para recolectar fondos para la NAACP. Su carrera se prolongó por más de cincuenta años.

### Un club famoso

De 1923 a 1935, el Cotton Club fue el lugar de moda de Harlem. Había bandas que tocaban música para bailar. También se hacían espectáculos de canto, baile y comedia, entre otros. La mayoría de los artistas eran negros. Sin embargo, con muy pocas excepciones, solo se les permitía la entrada a personas blancas.

## Bessie Smith
### (circa 1894–1937)

Bessie Smith era conocida como "la emperatriz del *blues*". Smith cantó acerca de la experiencia de ser una mujer negra en EE. UU. Su primer gran éxito, "Down-Hearted Blues" (*Blues* desanimado), se grabó en 1923. Al público le gustó la manera en que hablaba sobre los buenos y los malos tiempos con su voz potente.

Smith grabó 160 canciones. Llegó a ser la artista negra mejor pagada de Harlem. Cantó con otros famosos del *jazz*, como Louis Armstrong y Sidney Bechet. Fue admitida en el Salón de la Fama del Rocanrol en 1989.

## Billie Holiday
### (1915–1959)

Billie Holiday fue una popular cantante de *jazz* en el Harlem de la década de 1930. Holiday se convirtió en la primera mujer negra en cantar en una banda completamente blanca.

Su canción más famosa, "Strange Fruit" (Extraño fruto), trataba sobre el asesinato de gente negra frente a muchedumbres blancas. Algunos la consideran la primera canción de protesta estadounidense por la igualdad de derechos. De esta canción se vendieron un millón de copias, más que de cualquier otra canción de Holiday.

## Josephine Baker
### (1906–1975)

El baile y el vestuario de Josephine Baker la hicieron famosa tanto en Harlem como en París, Francia. Baker bailó y cantó para las tropas durante la Segunda Guerra Mundial. Pero el público no sabía que Baker era una espía de EE. UU. Pasaba mensajes escritos con tinta invisible en sus partituras musicales.

Baker luchó contra el racismo hasta su muerte. Se negaba a presentarse en lugares donde no se pudieran reunir negros y blancos. En 1963, habló en la Marcha de Washington, junto a Martin Luther King Jr.

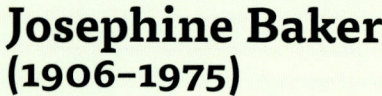

## Florence Mills
### (1896–1927)

Florence Mills era una estrella del escenario. Cantaba y bailaba en espectáculos musicales. Gente de todas las razas corría a verla en Nueva York y París. Unas 150 000 personas asistieron a su funeral, en Harlem.

## James Weldon Johnson
### (1871–1938)

James Weldon Johnson fue activista y escritor. Compuso la letra de la canción "Lift Every Voice and Sing" (Levanten todas las voces y canten), que animaba a la gente negra a marchar por la libertad. Se le considera el himno nacional negro desde el movimiento por los derechos civiles de la década de 1960.

# Los deportes

Después de la Primera Guerra Mundial, los estadounidenses querían olvidarse de la guerra. Una manera de hacerlo fue con el deporte. La década de 1920 se considera la "Edad de Oro del Deporte" en EE. UU.

En aquel tiempo, había segregación en los equipos, las ligas y los campeonatos. Había equipos negros y equipos blancos.

Buck Leonard y James Stark en un juego de la Liga Negra entre los Grises de Homestead y los Yankees Negros de Nueva York

## John Henry "Pop" Lloyd (1884–1964)

Las Estrellas de Lincoln fue un equipo de béisbol de Harlem. Pop Lloyd era su mejor bateador y parador en corto. En 1913, Lloyd y las Estrellas ganaron 101 juegos y perdieron solo seis. Vencieron a los Gigantes Americanos de Chicago, ganando el campeonato de la Liga Negra.

### Negros vs. blancos

Normalmente, no se enfrentaban equipos negros y equipos blancos, pero a veces lo hacían, en ocasiones especiales. Los juegos entre equipos negros y blancos eran muy populares. Miles de fanáticos blancos y negros acudían a los estadios para verlos. Las Estrellas vencieron a muchos equipos blancos, incluidos los *Phillies* de Filadefia, el segundo mejor equipo blanco del país.

Los equipos negros de baloncesto alquilaban salones de baile para sus partidos. El equipo que jugaba en el Salón de Baile Renacimiento se hizo llamar los Rens. Fue el primer equipo de baloncesto profesional en la historia conformado solo por negros y de la propiedad de un afroamericano. Entre 1923 y 1947, los Rens ganaron 2318 juegos y perdieron 381.

John Isaacs, conocido como el Chico Maravilla, quien firmó con los Rens de Harlem en 1936

Los Rens de Nueva York, fotografiados por
James Van Der Zee, en 1925

Al igual que las Estrellas, los Rens
derrotaron a muchos equipos blancos.
En 1939, vencieron al equipo de Estrellas
Oshkosh, ganando el primer Torneo
Mundial de Baloncesto Profesional.
¡Los Rens se coronaron campeones!

### Las mujeres en el juego

Había equipos deportivos negros tanto masculinos
como femeninos. En 1913, Edith Trice era una de las
jugadoras principales del equipo de baloncesto
Younger Set de Harlem, que jugaban sus partidos
locales en el Casino Young's.

## Moda

Algunas personas de Harlem usaron la moda para mostrar su creatividad y orgullo. En la década de 1920, el cabello y las faldas más cortos se volvieron noticia.

### Madam C. J. Walker (1867–1919)

En 1905, Madam C. J. Walker inició su empresa con $1.25.

Hacía productos capilares para mujeres negras, que se volvieron muy populares. Walker se convirtió en la primera mujer millonaria de EE. UU. que se hizo por sus propios medios.

Walker deseaba mejorar la vida de la gente negra. Les dio empleo a miles de mujeres negras. Donó dinero a muchas organizaciones que apoyaban a los afroamericanos.

## Ann Lowe
**(1898–1981)**

En las tiendas que eran propiedad de blancos no se atendía a clientes negros, así que diseñadoras negras, como Ann Lowe, abrieron sus propias tiendas. Lowe diseñaba vestidos para todo tipo de mujeres. Fue ella quien diseñó el vestido de novia de la futura primera dama Jackie Kennedy.

## Ruby Bailey
**(1905–2003)**

Ruby Bailey era modista, pintora y actriz. Su familia se mudó de las Bermudas a Harlem en 1912. Sus patrones y bordados con cuentas se hicieron famosos. Sus diseños tenían el mismo espíritu vibrante de Harlem.

# Harlem aún perdura

El Renacimiento de Harlem originó muchos cambios que todavía nos afectan hoy.

Organizaciones como la NAACP y el Centro Schomburg continúan funcionando en Harlem. Más de un siglo después, siguen trabajando para apoyar la vida de la gente negra en todas partes.

Los líderes del Renacimiento de Harlem plantaron las semillas del movimiento por los derechos civiles de las décadas de 1950 y 1960. En esta época, muchos estadounidenses lucharon por la igualdad de derechos para todos. Hoy, esos mismos líderes inspiran a los activistas de Black Lives Matter (las vidas de las personas negras importan).

Los artistas y deportistas del Renacimiento de Harlem abrieron el camino para las estrellas del futuro. También les han servido de inspiración.

La escritora Alice Walker asumió la misión de revivir la obra de Zora Neale Hurston en la década de 1970.

Cantantes como Janis Joplin y Queen Latifah tomaron para sus canciones ideas de Bessie Smith.

La estrella del baloncesto Kareem Abdul-Jabbar hizo una película sobre los Rens de Harlem.

Kareem Abdul-Jabbar

Hace un siglo, Harlem era el lugar de moda. Los grandes líderes e historias del Renacimiento de Harlem continúan inspirando a los líderes de hoy. En muchos lugares, se siguen disfrutando el arte y las ideas que surgieron en el Renacimiento de Harlem. Los líderes negros de esta importante época fueron pioneros en muchas áreas. Su historia les da esperanza de un mejor futuro a la gente de Harlem y de todo el mundo.

TO HIRE
TO HIRE
LUNCHEONETTE
DENTIST
TUXEDOS FOR HIRE 2
Idyl-Wyle
CHOP SUEY
TAILOR
CLEANING
1
PRESSING 25
PERSONALITY CIGARS

BUSES ONLY
& RIGHT TURNS
7AM-7PM
EXCEPT SUNDAY
HOTEL
BUSES

# Glosario

**activista**
Persona que trabaja por el cambio social

**cultura**
Las creencias y forma de vida de un grupo de gente

**de color**
Manera obsoleta de referirse a las personas negras, que podría considerarse ofensiva hoy. Puede usarse para hablar de historia o de organizaciones como la Asociación Nacional para el Avance de la Gente de Color.

**derechos civiles**
Derechos que garantizan la igualdad de oportunidades y el trato justo para todos, sin importar la raza, el sexo, el género, la religión y la nacionalidad

**esclavitud**
Práctica que consiste en tratar a personas como posesiones y obligarlas a trabajar sin paga

**escultor**
Artista que hace obras de arte en tres dimensiones

**Guerra Civil**
Guerra que tuvo lugar en EE. UU. de 1861 a 1865 entre los estados del Norte y los estados del Sur, motivada principalmente por el tema de la esclavitud

**igualdad**
Trato que se da a toda la gente por igual

**injusticia**
Trato injusto

*jazz*
Género musical que tiene raíces en el Sur de EE. UU.

**movimiento**
Grupo de gente que trabaja unida por una causa en la que todos creen

**propietario**
Persona que es dueña de algo, como una casa, una tienda, un equipo deportivo, etc.

**protesta**
Expresión de dolor, infelicidad o insatisfacción por una situación específica

**racismo**
Trato injusto que se le da a una persona por su color de piel o raza

**raíces**
La historia o el origen de una cultura, una práctica o la familia de una persona

**segregación**
Separación de las personas según su raza o color de piel

**unidad**
Estado de acuerdo y unión entre personas, especialmente alrededor de ideas y opiniones

# Índice

# Prueba

Responde las preguntas para saber cuánto aprendiste. Verifica tus respuestas con un adulto.

1.  ¿Qué significa "renacimiento"?

2.  ¿Qué hizo Philip Payton Jr. para ayudar a la gente negra de Harlem?

3.  ¿Qué escritora del Renacimiento de Harlem recopilaba historias?

4.  ¿Qué deportes eran populares durante el Renacimiento de Harlem?

5.  ¿Cuáles fueron las dos décadas en las que tuvo lugar gran parte del Renacimiento de Harlem?

1. Volver a nacer  2. Les alquilaba viviendas  3. Zora Neale Hurston
4. Baloncesto y béisbol  5. Las décadas de 1920 y 1930